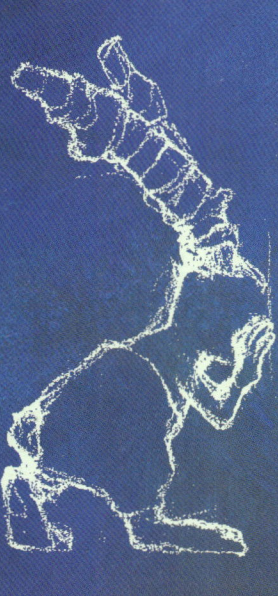

【關於作者】
阿爾敏・伯以修爾（Armin Beuscher）

1958年在埃爾倫／洪斯呂克山（德國南部）出生，大學研讀基督神學。
1989年起，和他的家人住在科隆，並在那裡擔任牧師。
他同時也是許多電台節目以及許多有關團體治療的書籍作者。

【關於繪者】
柯內妮亞・哈斯（Cornelia Haas）

1972年在奧斯堡出生，在敏斯特設計學院就讀。
伯以修爾的故事讓她印象深刻，而為這本書畫下第一張插圖——就像是她的「重要學業」畢業似的——
現在這本繪圖本已經誕生了。

獨自去旅行（注音版）Über den großen Fluss

作　　者／阿爾敏・伯以修爾 Armin Beuscher
繪　　者／柯內妮亞・哈斯 Cornelia Haas
譯　　者／賴美玲
總 編 輯／謝淑美 Carol Hsieh
企劃經理／駱漢琦 Fion Lo
責任編輯／黃秀錦 Emily Huang
美術編輯／張劭瑋 Sophia Chang
校　　對／謝淑美 Carol Hsieh
　　　　　黃秀錦 Emily Huang

發 行 人／謝　祥
出 版 者／大穎文化事業股份有限公司
　　　　　（奧林文化事業有限公司關係企業）
地　　址／10597 台北市南京東路五段38-1號11F
電　　話／886-2-2746-9169（代表號）
傳　　真／886-2-2746-9007
奧林・大穎讀享網／http://www.olbook.com.tw
公司電子信箱／alvita@olbook.com.tw
讀者服務信箱／service@olbook.com.tw
劃撥帳號／19781392 大穎文化事業股份有限公司

總 經 銷／知己圖書股份有限公司
台北公司／10646 台北市羅斯福路二段95號4樓之3
電　　話／886-2-2367-2044
傳　　真／886-2-2363-5741
台中公司／40768 台中市西屯區工業區30路1號
電　　話／886-4-2359-5819
傳　　真／886-4-2359-5493

初版一刷／2004年 05月　新台幣 230 元
二版三刷（注音版）／2008年 07月　新台幣 260 元
如有缺頁或破損，煩請寄回更換

Über den großen Fluss
Copyright: © 2002, Patmos Verlag GmbH & Co., KG
Sauerlnder Verlag, Düsseldorf
by Armin Beuscher and illustrated by Cornelia Haas
Complex Chinese Translation Copyright: © 2004, ALVITA PUBLISHING CO., LTD.
a division of OLLIN PUBLISHING CO., LTD.
Published by arrangement with Patmos Verlag GmbH & Co., KG/Sauerländer Verlag, Düsseldorf
through jia-xi books co., ltd.
All rights reserved. Printed in Taiwan.

ISBN: 978-986-7235-62-6

獨自去旅行
Über den großen Fluss

[注音版]

阿爾敏‧伯以修爾 Armin Beuscher／文
柯內妮亞‧哈斯 Cornelia Haas／繪

 大穎文化事業股份有限公司　出版

有一天，兔子跟浣熊說：
「我必須要去旅行了，但是我不能帶你去。鴨子、大象、老鼠，也都不能去。」
「不，不行！」浣熊說。
「你不可以一個人走，我們一定要跟著你，因為你必須越過大河，那條河流又寬又深。」

「對，」兔子說。
「我知道那條河。我必須單獨一個人走這條路。
但是你可以陪我走到河邊。」
於是，他們一起走向大河。
浣熊非常的擔憂。

當他們走到河邊時，小兔子說：「我現在必須走了，你留在這裡。當你想起我的時候，跟鴨子、大象、老鼠談談我，這麼做會很好。他們很喜歡聽故事，而且你也知道，你該說些什麼故事。可是我……」

兔子停頓下來，他的眼淚從臉上滴落下來。

「我，我現在必須走了。好好保重，我愛你們！」

兔子抱住浣熊。他們抱得好緊好緊。浣熊把兔子緊緊的摟在懷裡。

最後，兔子停止了擁抱，他說：「現在，我必須走了」。

兔子舉起他的手。

他再一次的揮手，然後就朝著河水走去。

之後,浣熊總是說:他走到水裡,可是他沒有往水底走。他就像是坐在一艘船裡,那艘船載著他,可是我卻看不見船。然後,兔子就再也看不見了。

小浣熊站在那裡,他的心好痛啊!
他坐在石頭上,不停的哭。
他就這樣坐了半天,眼淚一直沒有停過。

終於，浣熊擤擤鼻涕。
他抬起頭來，擦擦眼淚，他想起，他們以前互相鼓勵：
你要強壯得像一隻兔子，我要強壯得像一隻浣熊。這就夠了。
「這就夠了。」浣熊輕輕說。
然後，他深呼吸，平靜又堅強的說：
「這就夠了。」

然後，浣熊回去了。

他擁抱大象，他也把鴨子和老鼠抱在懷裡。

他親吻他們：

「兔子不會再回來了。」他很平靜的說。

大象第一個就問：「他是不是死了？」

「是的，他死了。」浣熊說。

他們站起來。

他ㄊㄚ們ㄇㄣ一ㄧ起ㄑㄧˇ兜ㄉㄡ著ㄓㄜ圈ㄑㄩㄢ子ㄗˇ走ㄗㄡˇ。 非ㄈㄟ常ㄔㄤˊ的ㄉㄜ安ㄢ靜ㄐㄧㄥˋ。
他ㄊㄚ們ㄇㄣ各ㄍㄜˋ走ㄗㄡˇ各ㄍㄜˋ的ㄉㄜ。

大象被鐵罐絆倒,跌跤了,
他的小喇叭從他的口袋裡滾出來。

大象拿著他的小喇叭,吹出一首曲子:

喔!當聖徒們齊步走時……

鴨子開始打拍子,老鼠也從他的袋子裡拿出他的笛子來。

他們整晚演奏音樂，連浣熊也跳舞了。一直到夜深了，大家才回家，躺下來睡覺。

老鼠在夜裡一次又一次的睜開眼睛，他說：
「浣熊，你睡了沒？」
「還沒。」浣熊用他低沉的聲音回答。
「你覺不覺得兔子已經聽見我們演奏的音樂了？」
「當然了！」浣熊一邊說，一邊撫摸著老鼠。
「那我們以後要多演奏。」
「嗯！」浣熊輕輕的說。
然後，就只聽見風兒在樹林呼呼吹的聲音。